DISCOURS

PRONONCÉ A L'ÉGLISE DU TEMPLE-NEUF

PAR

M. LEBLOIS,

PASTEUR.

———

Lorsqu'on est invité à suivre le cercueil d'un homme inutile au monde; d'un homme qui non seulement ne s'est point soucié de ses concitoyens, mais qui n'a pas même rendu service aux membres de sa propre famille; d'un homme enfin, qui pendant tout le temps qu'il a passé sur la terre, n'a songé qu'à lui seul et n'a vécu que pour lui seul, — il est naturel qu'on n'éprouve aucune sympathie pour sa mémoire, et qu'on vienne avec indifférence et froideur, accompagner sa dépouille mortelle.

Tels ne sont pas, mes frères, les sentiments que vous éprouvez en ce moment; et l'empressement que vous avez mis à venir, en si grand nombre, rendre les derniers honneurs aux restes inanimés de M. *André Kapp,* prouve assez en quelle estime vous l'avez tenu, combien vous l'avez aimé, et combien lui-même méritait et votre estime et votre affection. Il n'était pas, en effet, de ces hommes à qui le bien public est aussi indifférent que le bonheur de leur famille. Il a su remplir ses devoirs d'époux et de père, comme il a rempli ses devoirs de citoyen. Vous n'avez point perdu le souvenir des services qu'il a rendus, en qualité de syndic des boulangers, à toute la corporation, dans les crises pénibles qu'elle a eu à traverser dans ces dernières années, et où vous avez pu apprécier son énergie, ses capacités et son noble cœur, et vous féliciter de lui avoir accordé votre confiance.

Lorsqu'on se trouve auprès du cercueil d'un homme qui laisse de si bons souvenirs, il est impossible de rester indifférent, car on sent que sa mort laisse un grand vide, non seulement dans la famille dont il était le digne chef; non seulement dans la société dont il était un membre utile et dévoué; mais encore dans les cœurs de tous ceux qui l'ont connu, auxquels il a rendu des services, et qui lui offrent aujourd'hui le tribut de leur reconnaissance et de leurs regrets.

Il y a plus. Il est impossible de ne pas éprouver des sentiments qui élèvent l'âme, qui élargissent le cœur. Ne semble-t-il pas qu'il sorte de ce cercueil comme une lumière de justice et de bien? Or, la justice et le bien, tout invisibles qu'ils sont à l'œil du corps, n'en exercent pas moins sur notre cœur et notre âme, une influence profonde. Nous sentons que ce sont des puissances d'un ordre supérieur à ce monde. Elles agrandissent autour de nous l'horizon d'ordinaire si restreint de nos idées. Elles nous font comprendre qu'il y a pour nous quelque chose de plus vaste que cette terre, quelque chose de plus élevé que les préoccupations matérielles. Elles nous révèlent, en un mot, le monde spirituel et moral, qui s'étend au-delà de la mort et du tombeau, pour embrasser les sphères infinies de l'éternité.

Placés ainsi en présence de l'éternité, nous ne pouvons nous empêcher de faire un retour sur nous-mêmes, et de songer que nous tous, qui que nous soyons, l'un plus tôt, l'autre plus tard, nous serons appelés chacun à son tour à quitter cette existence et à entrer dans les domaines inconnus de la vie d'outre-tombe. Cette pensée doit nous saisir aujourd'hui d'autant plus puissamment, que la mort si prompte de notre ami nous montre combien la vie humaine est fugitive, et combien peu il faut pour y mettre fin. Hé quoi ! cette organisation si robuste, cette constitution si solide, ce corps qui semblait fait pour braver les années, les maladies et les infirmités, toute cette force et cette vigueur abattues en si peu de temps ! Qui, après cela, se flatterait de pouvoir compter sur une longue existence ? Qui oserait dire : Je n'ai pas encore besoin de songer à la mort ?

Ah, chers amis, disons plutôt : Heureux ceux qui songent à la mort ! Heureux surtout ceux qui y ont si bien songé, qu'ils sont prêts à la recevoir à quelque moment qu'elle vienne les surprendre !

Quelle est donc la meilleure manière de se préparer à la mort ? La réponse à cette question, qui se présente ici tout naturellement, est très-simple : *C'est de vivre conformément à la volonté de Dieu ; c'est de pratiquer chaque jour les saints devoirs que la Religion nous prescrit.*

Cette réponse toutefois présente quelque difficulté, et il s'agit ici de bien s'entendre. Le mot de *Religion* est connu de tout le monde. Il est dans tous les esprits et dans toutes les bouches. Mais rien n'est plus varié que le sens qu'on y rattache, et les idées qu'on s'en fait. Pour bien des personnes, la Religion est une affaire tout extérieure, dont il ne faut s'occuper qu'un jour par semaine, le dimanche. Comme le dimanche on a l'habitude de mettre un vêtement spécial, qu'on ne met pas d'ordinaire les jours de la semaine, ces personnes s'imaginent qu'il faut être religieux le dimanche seulement, et qu'on n'a pas besoin de l'être depuis le lundi jusqu'au samedi. Et l'on est religieux, on a de la religion, à leur point de vue, lorsqu'on se rend à ce qu'ils appellent *la maison de Dieu,* pour prendre part à la prière, chanter un cantique, écouter un sermon, en un mot, pour participer aux diverses cérémonies qui se pratiquent dans l'église à laquelle on se rattache.

Mais si c'est là ce qui constitue la Religion, dans quel embarras doivent se trouver ceux qui, comme notre ami défunt, par exemple, ont une profession qui les oblige à travailler pendant la nuit, quand les autres se reposent, et à prendre du repos le jour, quand les autres peuvent vaquer à leurs affaires! Quel embarras pour eux, car ne sont-ils pas souvent empêchés, pendant des mois entiers, de fréquenter aucune église, ou du moins de la fréquenter avec un esprit éveillé et capable d'attention? Dirons-nous que ces hommes n'ont point de Religion, qu'ils ne peuvent point en avoir? En d'autres termes, que précisément ceux de nos frères qui préparent à leurs semblables le pain quotidien, la nourriture du corps, sont obligés de vivre eux-mêmes sans nourriture pour leur cœur, sans pain pour leur âme?

Non, mes amis, ceux-là seulement peuvent parler ainsi, qui ont une idée fausse de la Religion, et surtout de la Religion chrétienne, de la Religion de Jésus-Christ.

La Religion de Jésus-Christ nous apprend que Dieu ne demeure pas seulement dans les églises, dans les temples bâtis de main d'hommes, mais qu'il demeure dans le monde entier. Car Dieu n'est pas un un Être semblable à l'homme, qui a besoin d'un palais comme les princes de la terre. Dieu est Esprit, c'est l'Esprit infini, dont l'univers est le Temple, qui pénètre toutes choses, qui remplit de sa sainte présence non seulement cette enceinte, mais toute la nature visible, nos campagnes et nos cités, nos rues, nos maisons, nos ateliers, nos magasins.

Ouvrez en effet l'Évangile. Vous y verrez Jésus, enseignant la présence universelle de Dieu dans la nature extérieure. Il nous le montre, faisant luire le soleil sur les méchants et sur les bons, faisant tomber la pluie sur les justes et sur les injustes (Matthieu 5, 45). Il nous le montre, s'occupant des oiseaux de l'air, «qui ne sèment,» dit-il, «ni ne moissonnent, ni n'amassent rien dans des greniers, et néanmoins votre Père céleste les nourrit.» Il nous le montre, s'occupant des herbes et des fleurs. «Apprenez,» dit-il, «comment les lis des champs croissent; ils ne travaillent ni ne filent. Cependant je vous dis que Salomon même dans toute sa gloire n'a point été vêtu comme l'un deux.» (Matthieu VI. (26. 28. 29.)

La Religion de Jésus-Christ nous apprend en outre, que

Dieu habite dans le cœur de chaque homme, quel qu'il soit. Le règne de Dieu, dit-elle, est au-dedans de vous (Luc. 17, 21). Elle nous apprend, qu'il parle à tous les membres de la famille humaine, qui tous sont ses enfants, et qu'il se révèle dans leur intérieur par la voix mystérieuse de la conscience et de la raison. Cette voix se fait entendre en nous non seulement dans l'église, mais aussi dans nos maisons; non seulement dans le monde, mais aussi dans la solitude. N'avez-vous jamais entendu cette voix, chers frères qui m'écoutez. Assurément vous l'avez entendue. Vous l'avez entendue quand vous avez balancé entre l'intérêt et la justice, entre la passion et le devoir. Ne vous a-t-elle pas alors avertis? Ne vous a-t-elle pas conseillé de faire pencher la balance du côté de la justice et non de l'intérêt; du côté du devoir et non de la passion?

Qu'est-ce à dire, mes chers amis? C'est que notre cœur et notre âme ne sont jamais, ne sont nulle part sans lumière et sans guide. Lorsque nous sommes privés de l'église, lorsque personne ne peut nous instruire, lorsque nul homme ne peut nous dire ce qui est juste et bien, nous ne sommes pas pour cela abandonnés, nous ne sommes pas perdus dans les ténèbres, mais nous avons auprès de nous, nous avons en nous, un conseiller infiniment plus sûr et plus savant que le plus savant des hommes, à savoir le Dieu vivant lui-même, qui nous parle, qui nous instruit, qui nous éclaire par la voix intérieure de la conscience et de la raison.

Enfin, la Religion de Jésus-Christ nous apprend (et ce ne n'est pas là le moins précieux de ses enseignements), que le service de Dieu ne consiste pas dans certaines cérémonies qui doivent être pratiquées à des jours et dans des endroits déterminés; mais que le service de Dieu, le vrai culte est indépendant de tout temps et de tout lieu, qu'il consiste à être chaque jour fidèle à la voix de la raison, obéissant à la voix de la conscience, droit, juste et bon à l'égard de tous nos semblables, non seulement des membres de nos familles mais de tous les hommes, sans distinction de naissance, de religion et de nationalité.

Il suit de là, mes frères, qu'au point de vue du vrai christianisme, ceux-là sont religieux, ceux-là ont de la Religion, qui reconnaissent la présence universelle de Dieu; qui le sentent auprès d'eux et en eux partout où ils se trouvent; qui sachant enfin, que Dieu est non seulement leur Père, mais le Père de tous les hommes, s'efforcent de traiter tous les hommes comme leurs frères, et de pratiquer ce beau commandement: «Tout ce que vous voulez que les autres vous fassent, faites-le leur de même» (Matthieu 7, 12). Ceux qui servent Dieu ainsi dans leurs semblables, le servent de la vraie et bonne manière, de la manière dont Jésus-Christ lui-même l'a servi, Jésus-Christ dont il est dit «qu'il allait de lieu en lieu, en faisant le bien» (Actes 10, 38).

Eux aussi n'ont rien à craindre de la mort. La mort peut venir les surprendre quand elle veut, ils sont prêts à la suivre, car ils ont rempli leur devoir. Ils se sont soumis à l'ordre moral que Dieu fait régner dans l'univers. Ils resteront unis à Dieu par delà la tombe, comme ils l'ont été durant cette vie. Ils peuvent donc quitter cette vie, sans crainte et sans remords. Ils ne tomberont pas dans le vide. Leur place est prête dans l'éternité; et ils entendront la voix consolante de Celui qui dispose du présent et de l'avenir, et qui leur dira : «Venez bons et fidèles serviteurs; vous avez été fidèles en peu de chose, je vous établirai sur beaucoup. Entrez dans la joie de votre Seigneur.» (Matthieu 25, 23.)

PAROLES

PRONONCÉES SUR LA TOMBE

PAR

M. EUGÈNE BIETH,

ADJOINT AU SYNDICAT DE LA BOULANGERIE DE STRASBOURG.

———

Messieurs,

Une nouvelle tombe est prête à se refermer sur un de nos confrères ! Il y a huit jours nous pleurions la triste fin de l'excellent Bauer ; aujourd'hui nous déplorons la perte prématurée du digne syndic de notre corporation. André Kapp n'est plus ! Quelques jours seulement ont suffi pour l'enlever à l'affection de sa famille éplorée et à la nôtre.

Celui que nous regrettons, que nous pleurons aujourd'hui fut pendant vingt ans, notre confrère, notre ami. Pendant douze ans il défendit noblement et courageusement nos droits, et s'il n'a pu toujours concilier tous les intérêts, il n'a manqué du moins ni d'énergie ni d'une ferme volonté.

André Kapp, au nom de toute la corporation , je te re-
mercie pour le bien que tu t'es efforcé de nous faire à tous,
pour le noble esprit que tu as mis constamment au service
du bien commun et de la prospérité de la boulangerie.

Les efforts que tu as faits en 1847, en 1853 et en 1858
resteront gravés dans notre mémoire , et le souvenir ne
s'en effacera jamais.

Adieu , au revoir dans un monde meilleur.

www.ingramcontent.com/pod-product-compliance
Lightning Source LLC
Chambersburg PA
CBHW061217050726
47594CB00008B/3682